die Schule - şcoală   2
die Reise - călătorie   5
der Transport - transport   8
die Stadt - oraş   10
die Landschaft - peisaj   14
das Restaurant - restaurant   17
der Supermarkt - supermarket   20
die Getränke - băuturi   22
das Essen - mâncare   23
der Bauernhof - gospodărie ţărănească   27
das Haus - casă   31
das Wohnzimmer - cameră de zi   33
die Küche - bucătărie   35
das Badezimmer - baie   38
das Kinderzimmer - camera copiilor   42
die Kleidung - îmbrăcăminte   44
das Büro - birou   49
die Wirtschaft - economie   51
die Berufe - ocupaţii   53
die Werkzeuge - instrumente   56
die Musikinstrumente - instrumente muzicale   57
der Zoo - grădină zoologică   59
der Sport - sport   62
die Aktivitäten - activităţi   63
die Familie - familie   67
der Körper - corp   68
das Krankenhaus - spital   72
der Notfall - urgenţă   76
die Erde - pământ   77
die Uhr - ceas   79
die Woche - săptămână   80
das Jahr - an   81
die Formen - forme   83
die Farben - culori   84
die Gegenteile - antonime   85
die Zahlen - cifre   88
die Sprachen - limbi   90
wer / was / wie - cine/ce/cum   91
wo - unde   92

Impressum
Verlag: BABADADA GmbH, Nedderfeld 112 , 22529 Hamburg
Geschäftsführer / Verlagsleitung: Harald Hof
Druck: Books on Demand GmbH, In de Tarpen 42, 22848 Norderstedt

Imprint
Publisher: BABADADA GmbH, Nedderfeld 112 , 22529 Hamburg, Germany
Managing Director / Publishing direction: Harald Hof
Print: Books on Demand GmbH, In de Tarpen 42, 22848 Norderstedt, Germany

die Schule
școală

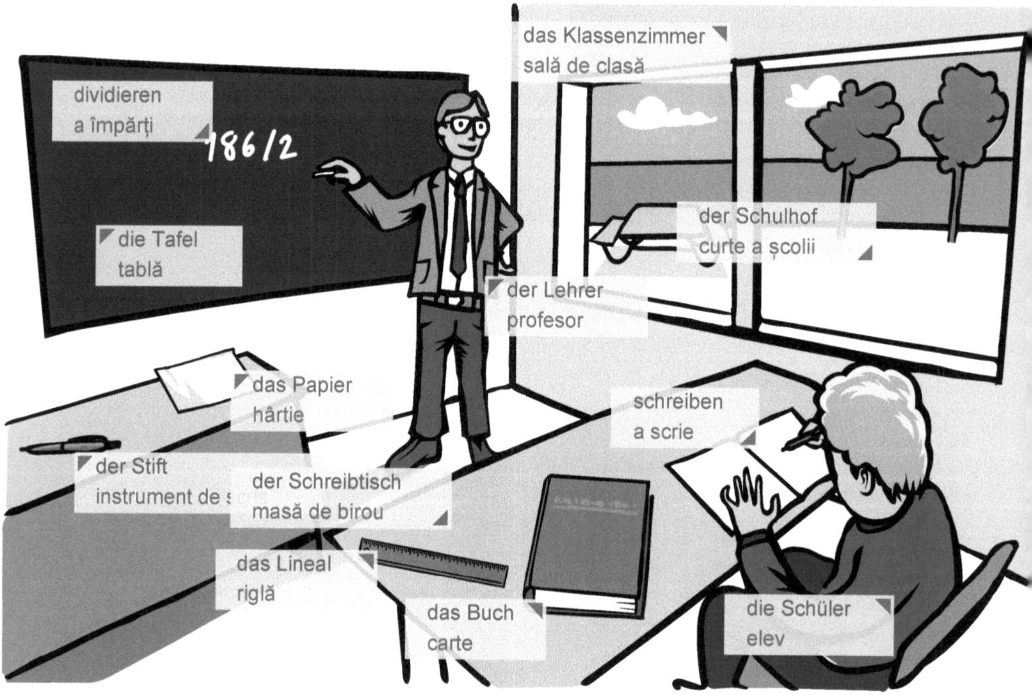

das Klassenzimmer
sală de clasă
dividieren
a împărți
186/2
die Tafel
tablă
der Schulhof
curte a școlii
der Lehrer
profesor
das Papier
hârtie
schreiben
a scrie
der Stift
instrument de s
der Schreibtisch
masă de birou
das Lineal
riglă
das Buch
carte
die Schüler
elev

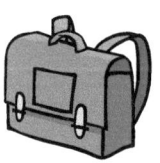

der Ranzen
ghiozdan

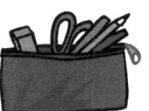

die Federmappe
penar

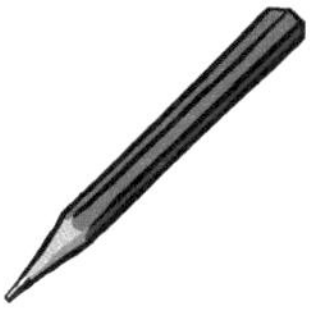

der Bleistift
creion

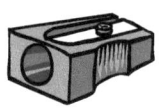

der Bleistiftanspitzer
ascuțitoare

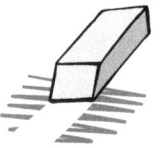

das Radiergummi
radieră

der Zeichenblock
bloc de desen

die Zeichnung

desen

der Pinsel

pensulă

der Malkasten

cutie de acuarele

die Schere

foarfece

der Klebstoff

lipici

das Übungsheft

caiet de exerciții

die Hausaufgabe

temă

die Zahl

număr

2+2

addieren

a aduna

subtrahieren

a scădea

multiplizieren

a multiplica

rechnen

a calcula

der Buchstabe

literă

ABCDEFG
HIJKLMN
OPQRSTU
VWXYZ

das Alphabet

alfabet

das Wort

cuvânt

die Schule - școală

der Text

text

lesen

a citi

die Kreide

cretă

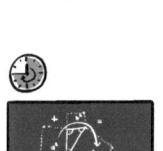

die Stunde

oră

das Klassenbuch

catalog

die Prüfung

examen

das Zeugnis

certificat

die Schuluniform

uniformă școlară

die Ausbildung

educație

das Lexikon

enciclopedie

die Universität

universitate

das Mikroskop

microscop

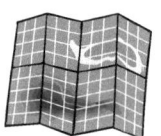

die Karte

hartă

der Papierkorb

coș de gunoi

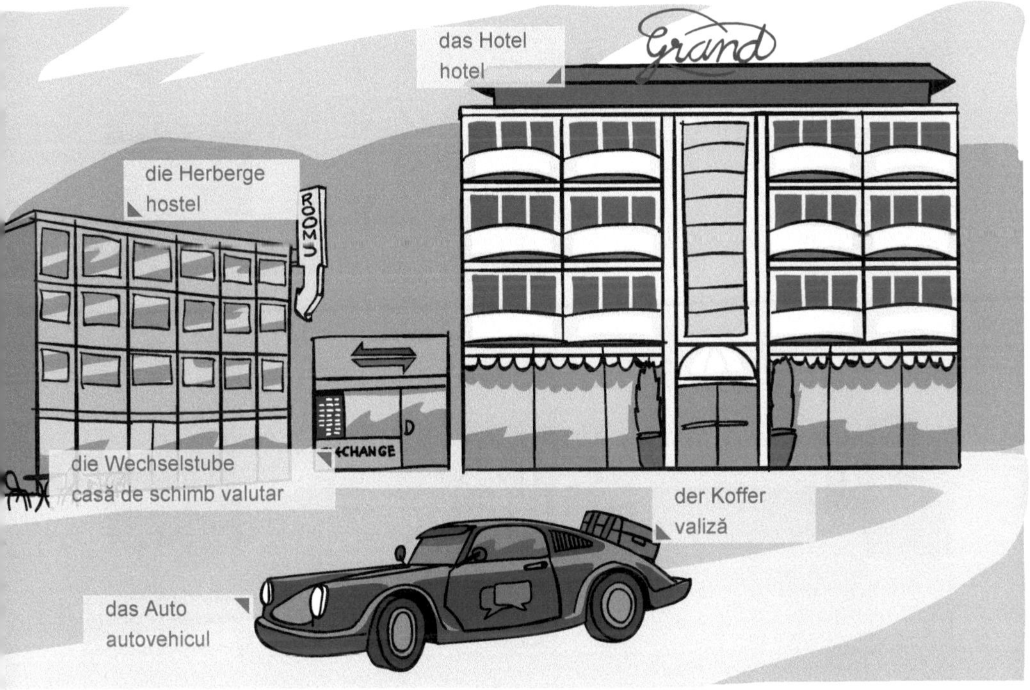

das Hotel
hotel
Grand
die Herberge
hostel
die Wechselstube
casă de schimb valutar
der Koffer
valiză
das Auto
autovehicul

die Sprache
limbă

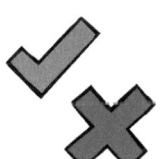

ja / nein
da/nu

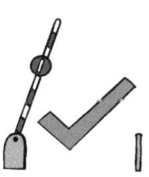

Okay
okay

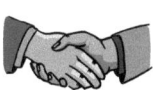

Hallo
Bună!

der Übersetzer
interpret

Danke
mulțumesc

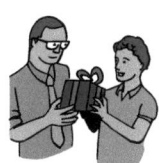

Was kostet...?

Cât costă...?

Ich verstehe nicht

Nu înțeleg

das Problem

problemă

Guten Abend!

Bună seara!

Guten Morgen!

Bună dimineața!

Gute Nacht!

Noapte bună!

Auf Wiedersehen

la revedere

die Richtung

direcție

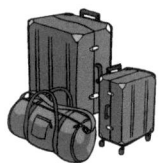

das Gepäck

bagaj

die Tasche

geantă

der Rucksack

rucsac

der Gast

oaspete

das Zimmer

cameră

der Schlafsack

sac de dormit

das Zelt

cort

die Touristeninformation

punct de informare turistică

der Strand

plajă

die Kreditkarte

carte de credit

das Frühstück

mic dejun

das Mittagessen

masa de prânz

das Abendessen

cină

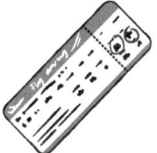

die Fahrkarte

bilet de călătorie

der Fahrstuhl

lift

die Briefmarke

timbru poștal

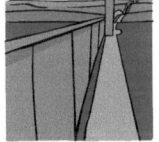

die Grenze

graniță

der Zoll

vamă

die Botschaft

ambasadă

das Visum

viză

der Pass

pașaport

der Transport
transport

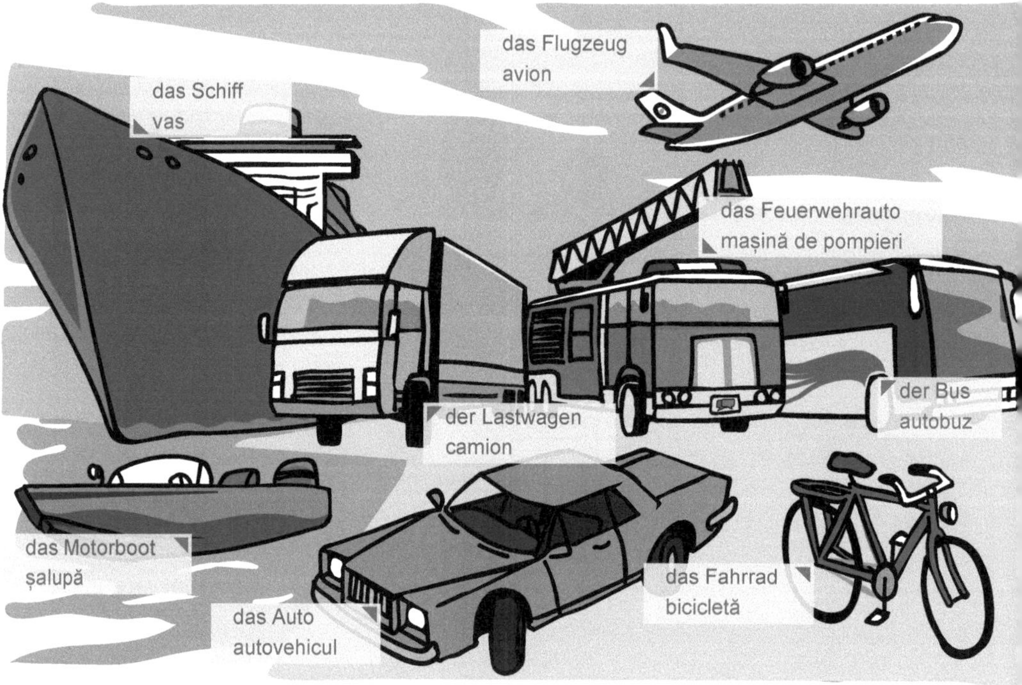
das Flugzeug
avion
das Schiff
vas
das Feuerwehrauto
mașină de pompieri
der Lastwagen
camion
der Bus
autobuz
das Motorboot
șalupă
das Fahrrad
bicicletă
das Auto
autovehicul

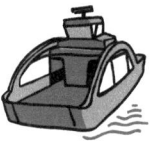

die Fähre

feribot

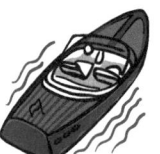

das Boot

barcă

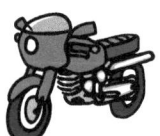

das Motorrad

motocicletă

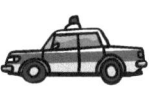

das Polizeiauto

mașină de poliție

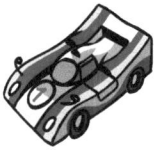

das Rennauto

mașină de curse

der Mietwagen

mașină închiriată

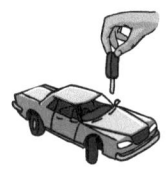

das Carsharing

car sharing

der Abschleppwagen

mașină de tractat

das Müllauto

mașină de gunoi

der Motor

motor

der Kraftstoff

combustibil

die Tankstelle

benzinărie

das Verkehrsschild

semn de circulație

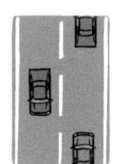

der Verkehr

trafic

der Stau

ambuteiaj

der Parkplatz

parcare

der Bahnhof

gară

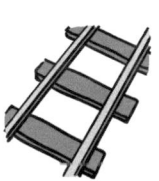

die Schienen

șine

der Zug

tren

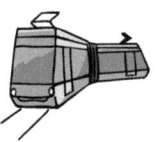

die Straßenbahn

tramvai

der Wagon

vagon

der Helikopter

elicopter

der Flughafen

aeroport

der Tower

turn

der Passagier

pasager

der Container

container

der Karton

carton

der Karren

căruță

der Korb

coș

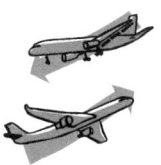

starten / landen

a decola/a ateriza

die Stadt

oraș

das Dorf

sat

das Stadtzentrum

centru

das Haus

casă

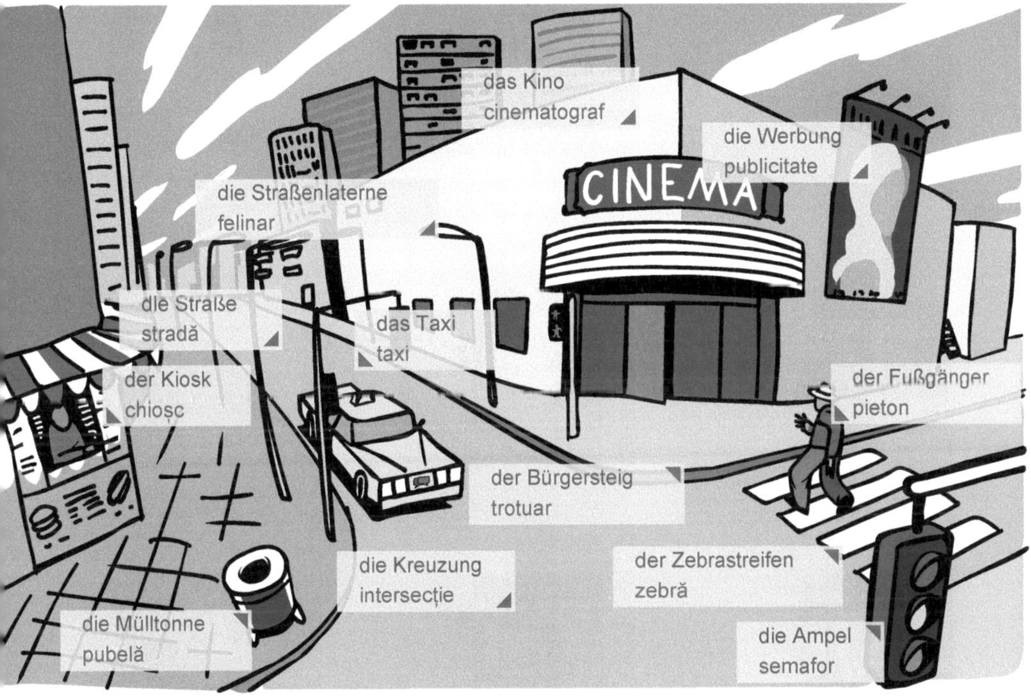

das Kino
cinematograf

die Werbung
publicitate

die Straßenlaterne
felinar

die Straße
stradă

das Taxi
taxi

der Kiosk
chiosc

der Fußgänger
pieton

der Bürgersteig
trotuar

die Kreuzung
intersecție

der Zebrastreifen
zebră

die Mülltonne
pubelă

die Ampel
semafor

CINEMA

die Hütte
cabană

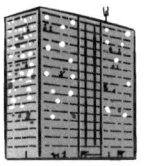

die Wohnung
apartament

der Bahnhof
gară

das Rathaus
primărie

das Museum
muzeu

die Schule
școală

die Universität

universitate

die Bank

bancă

das Krankenhaus

spital

das Hotel

hotel

die Apotheke

farmacie

das Büro

birou

die Buchhandlung

librărie

das Geschäft

magazin

der Blumenladen

florărie

der Supermarkt

supermarket

der Markt

piață

das Kaufhaus

magazin universal

der Fischhändler

comerciant de pește

das Einkaufszentrum

centru comercial

der Hafen

port

der Park

parc

die Bank

bancă

die Brücke

pod

die Treppe

trepte

die U-Bahn

metrou

der Tunnel

tunel

die Bushaltestelle

stație de autobuz

die Bar

bar

das Restaurant

restaurant

der Briefkasten

cutie poștală

das Straßenschild

tăbliță indicatoare cu
numele străzii

die Parkuhr

parcometru

der Zoo

grădină zoologică

die Badeanstalt

piscină

die Moschee

moschee

der Bauernhof

gospodărie țărănească

die Umweltverschmutzung

poluare

der Friedhof

cimitir

die Kirche

biserică

der Spielplatz

loc de joacă

der Tempel

templu

die Landschaft

peisaj

das Blatt
frunză

der Wegweiser
indicator

der Weg
drum

die Wiese
pajiște

der Stein
piatră

der Baum
copac

der Wanderer
drumeț

der Fluss
râu

das Gras
iarbă

die Blume
floare

die Landschaft - peisaj

das Tal

vale

der Berg

deal

der See

lac

der Wald

pădure

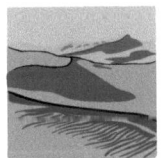

die Wüste

deșert

der Vulkan

vulcan

das Schloss

castel

der Regenbogen

curcubeu

der Pilz

ciupercă

die Palme

palmier

der Moskito

țânțar

die Fliege

muscă

die Ameise

furnică

die Biene

albină

die Spinne

păianjen

die Landschaft - peisaj

der Käfer

gândac

der Frosch

broască

das Eichhörnchen

veveriță

der Igel

arici

der Hase

iepure

die Eule

bufniță

die Vogel

pasăre

der Schwan

lebădă

das Wildschwein

porc mistreț

der Hirsch

cerb

der Elch

elan

der Staudamm

dig

das Windrad

turbină eoliană

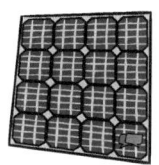

das Solarmodul

panou solar

das Klima

climă

das Restaurant

restaurant

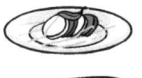

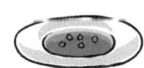

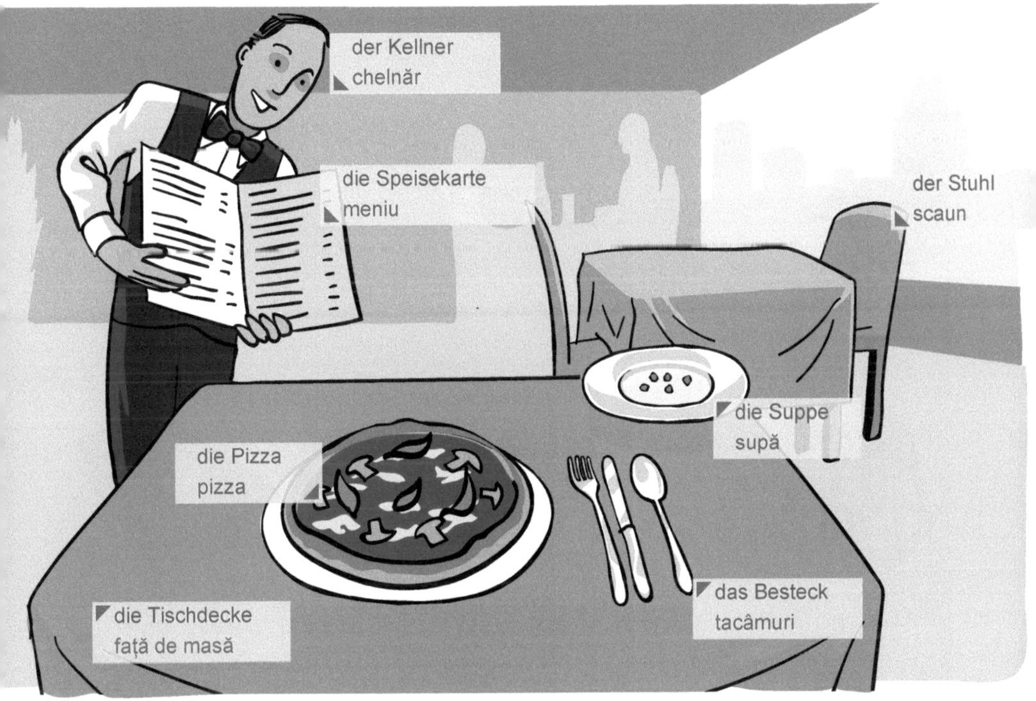
der Kellner
chelnăr
die Speisekarte
meniu
der Stuhl
scaun
die Suppe
supă
die Pizza
pizza
das Besteck
tacâmuri
die Tischdecke
față de masă

die Vorspeise

antreu

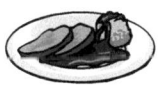

das Hauptgericht

fel principal

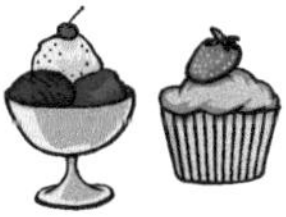

die Nachspeise

desert

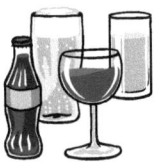

die Getränke

băuturi

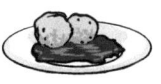

das Essen

mâncare

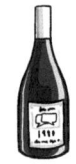

die Flasche

sticlă

das Fastfood

fastfood

das Streetfood

streetfood

die Teekanne

ceainic

die Zuckerdose

zaharniță

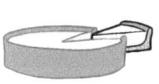

die Portion

porție

die Espressomaschine

espressor

der Hochstuhl

scaun înalt (pentru copii)

die Rechnung

factură

das Tablett

tavă

das Messer

cuțit

die Gabel

furculiță

der Löffel

lingură

der Teelöffel

linguriță

die Serviette

șervețel

das Glas

pahar

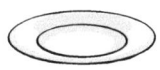

der Teller

farfurie

der Suppenteller

farfurie de supă

die Untertasse

farfurie

die Sauce

sos

der Salzstreuer

solniță

die Pfeffermühle

râșniță de piper

der Essig

oțet

das Öl

ulei

die Gewürze

condimente

das Ketchup

ketchup

der Senf

muștar

die Mayonnaise

maioneză

der Supermarkt
supermarket

das Angebot
ofertă
FOR
der Kunde
client
die Milchprodukte
produse lactate
das Obst
fructe
der Einkaufswagen
cărucior de cumpărături

BUTCHERS

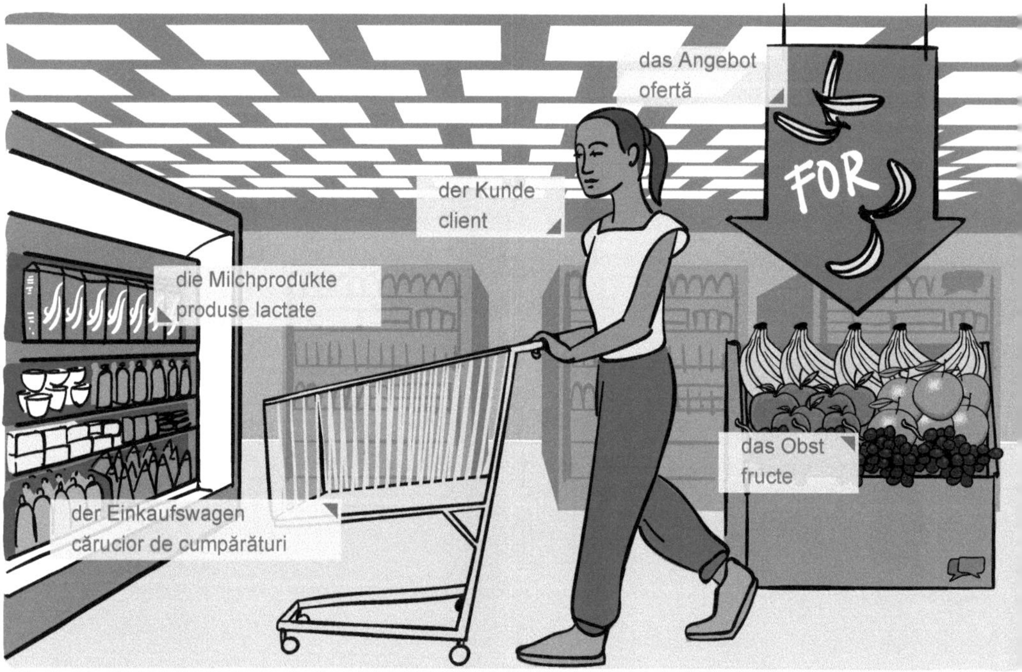

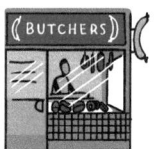

die Schlachterei

măcelărie

BAKERY

die Bäckerei

brutărie

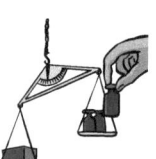

wiegen

a cântări

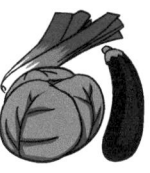

das Gemüse

legume

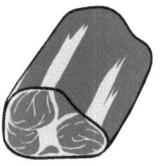

das Fleisch

carne

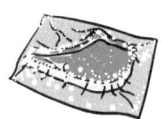

die Tiefkühlkost

alimente refrigerate

der Aufschnitt

mezeluri și brânzeturi feliate

die Konserven

conserve

das Waschmittel

detergent

die Süßigkeiten

dulciuri

die Haushaltsartikel

articole de menaj

das Reinigungsmittel

produse de curățenie

die Verkäuferin

vânzătoare

die Kasse

casă

der Kassierer

casier

die Einkaufsliste

listă de cumpărături

die Öffnungszeiten

orar

die Brieftasche

portmoneu

die Kreditkarte

carte de credit

die Tasche

geantă

die Plastiktüte

pungă de plastic

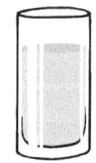

das Wasser

apă

der Saft

suc

die Milch

lapte

die Cola

cola

der Wein

vin

das Bier

bere

der Alkohol

alcool

der Kakao

cacao

der Tee

ceai

der Kaffee

cafea

der Espresso

espresso

der Cappuccino

cappucino

die Banane

banane

der Apfel

măr

die Orange

portocală

die Melone

pepene

die Zitrone

lămâie

die Karotte

morcov

der Knoblauch

usturoi

der Bambus

bambus

die Zwiebel

ceapă

der Pilz

ciupercă

die Nüsse

nuci

die Nudeln

paste făinoase

die Spaghetti

spagheti

der Reis

orez

der Salat

salată

die Pommes frites

cartofi prăjiți

die Bratkartoffeln

cartofi țărănești

die Pizza

pizza

der Hamburger

hamburger

das Sandwich

sandwich

das Schnitzel

șnițel

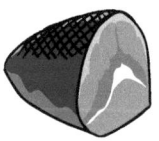

der Schinken

șuncă

die Salami

salam

die Wurst

cârnați

das Huhn

pui

der Braten

friptură

der Fisch

pește

die Haferflocken

fulgi de ovăz

das Müsli

musli

die Cornflakes

cereale

das Mehl

făină

das Croissant

corn

das Brötchen

chifle

das Brot

pâine

der Toast

pâine prăjită

die Kekse

biscuiți

die Butter

unt

der Quark

brânză de vaci

der Kuchen

prăjitură

das Ei

ou

das Spiegelei

ouă ochiuri

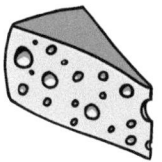

der Käse

brânză

die Eiscreme

îngheţată

der Zucker

zahăr

der Honig

miere

die Marmelade

marmeladă

die Nougat-Creme

cremă nuga

das Curry

curry

der Bauernhof
gospodărie țărănească

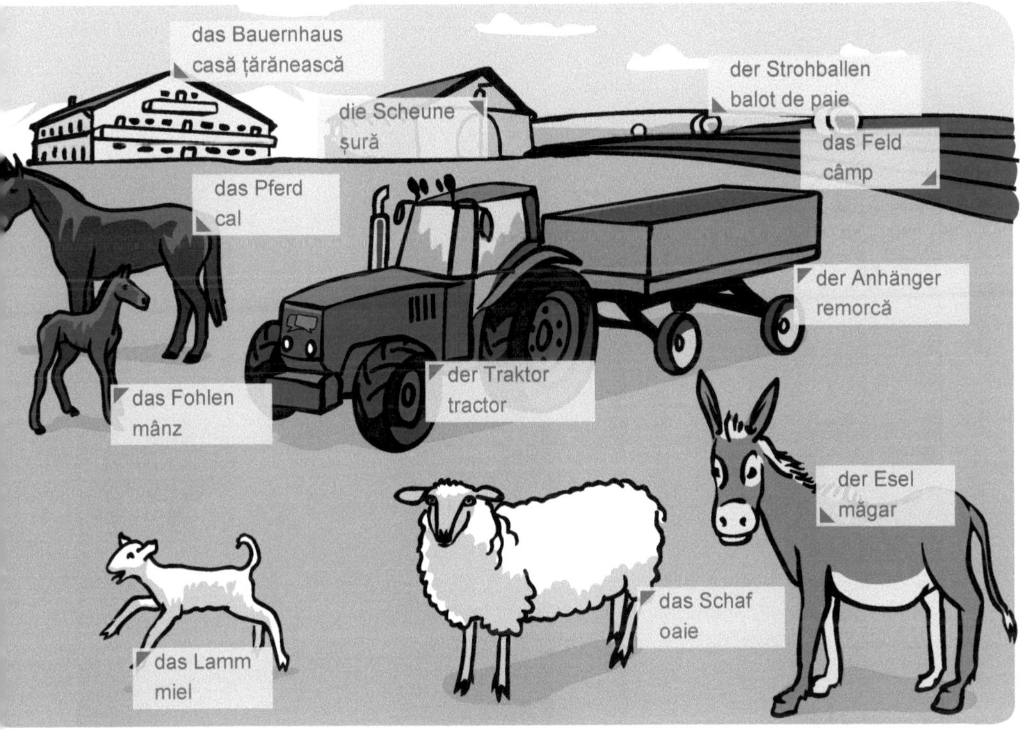

das Bauernhaus
casă țărănească
die Scheune
șură
der Strohballen
balot de paie
das Feld
câmp
das Pferd
cal
der Anhänger
remorcă
der Traktor
tractor
das Fohlen
mânz
der Esel
măgar
das Schaf
oaie
das Lamm
miel

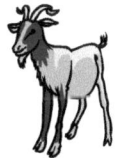

die Ziege

capră

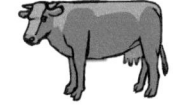

die Kuh

vacă

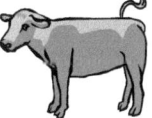

das Kalb

vițel

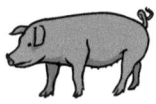

das Schwein

porc

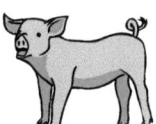

das Ferkel

purcel

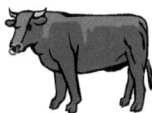

der Bulle

taur

die Gans
găină

die Ente
rață

das Küken
pui

das Huhn
găină

der Hahn
cocoș

die Ratte
șobolan

die Katze
pisică

die Maus
șoarece

der Ochse
bou

der Hund
câine

die Hundehütte
cușcă

der Gartenschlauch
furtun de grădină

die Gießkanne
stropitoare

die Sense
coasă

der Pflug
plug

die Sichel

seceră

die Hacke

sapă

die Mistgabel

furcă

die Axt

secure

die Schubkarre

roabă

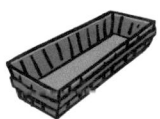

der Trog

troacă

die Milchkanne

cană pentru lapte

der Sack

sac

der Zaun

gard

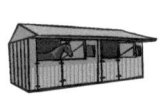

der Stall

grajd

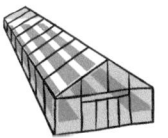

das Treibhaus

seră

der Boden

sol

die Saat

sămânță

der Dünger

fertilizator

der Mähdrescher

combină de treierat

ernten

a culege

die Ernte

recoltă

die Yamswurzel

cartof yam

der Weizen

grâu

das Soja

soia

die Kartoffel

cartof

der Mais

porumb

der Raps

rapiță

der Obstbaum

pom fructifer

der Maniok

manioc

das Getreide

cereale

der Bauernhof - gospodărie țărănească

das Haus
casă

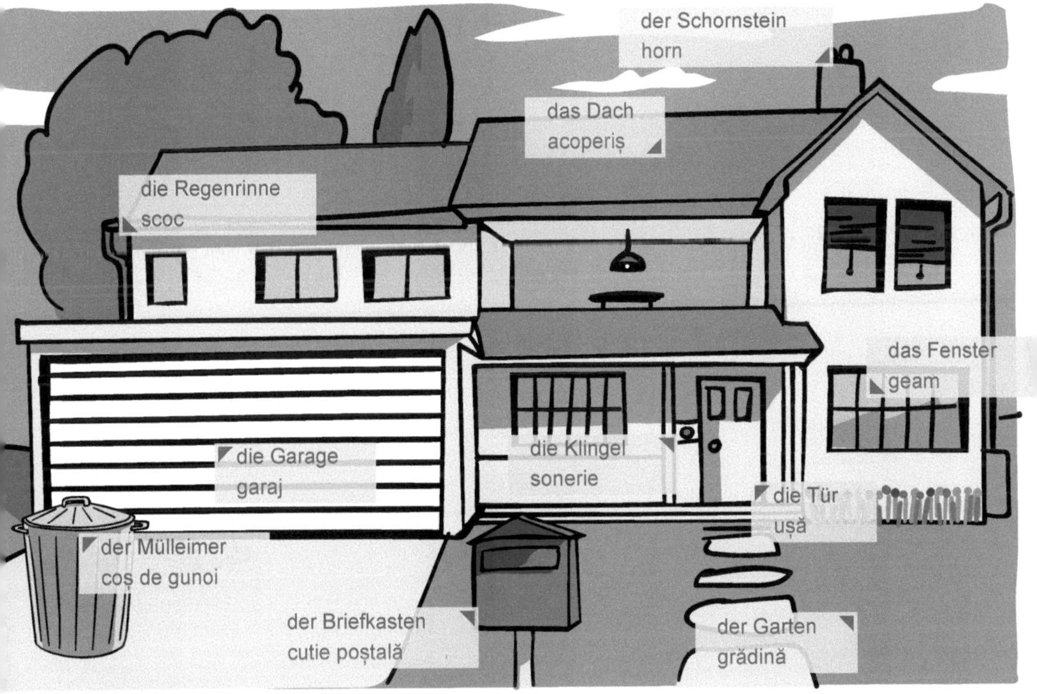
der Schornstein
horn
das Dach
acoperiș
die Regenrinne
scoc
das Fenster
geam
die Klingel
sonerie
die Garage
garaj
die Tür
ușă
der Mülleimer
coș de gunoi
der Briefkasten
cutie poștală
der Garten
grădină

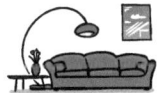

das Wohnzimmer

cameră de zi

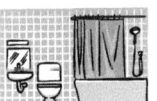

das Badezimmer

baie

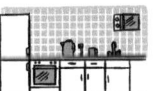

die Küche

bucătărie

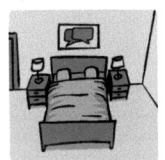

das Schlafzimmer

dormitor

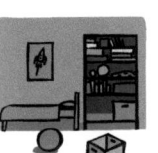

das Kinderzimmer

camera copiilor

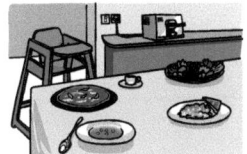

das Esszimmer

sufragerie

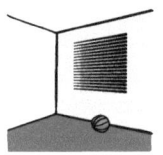

der Boden
podea

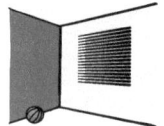

die Wand
perete

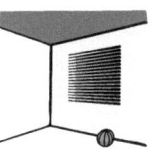

die Decke
tavan

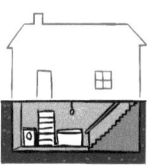

der Keller
pivniță

die Sauna
saună

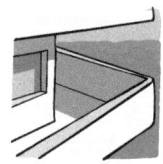

der Balkon
balcon

die Terrasse
terasă

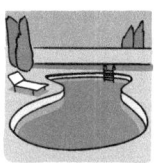

das Schwimmbad
piscină

der Rasenmäher
mașină de tuns iarba

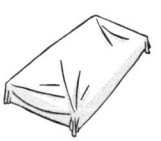

der Bettbezug
cearșaf

die Bettdecke
cuvertură

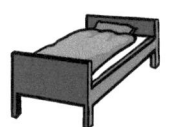

das Bett
pat

der Besen
mătură

der Eimer
găleată

der Schalter
întrerupător

das Wohnzimmer
cameră de zi

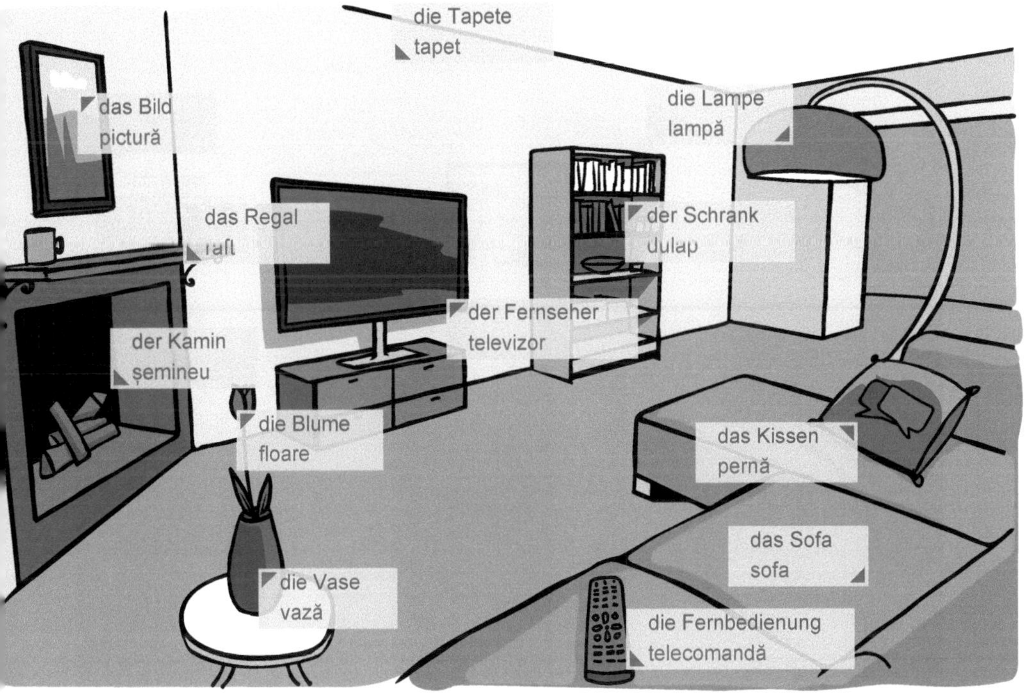

die Tapete
tapet
das Bild
pictură
die Lampe
lampă
das Regal
raft
der Schrank
dulap
der Fernseher
televizor
der Kamin
șemineu
die Blume
floare
das Kissen
pernă
das Sofa
sofa
die Vase
vază
die Fernbedienung
telecomandă

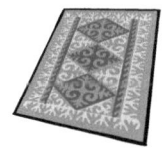

der Teppich

covor

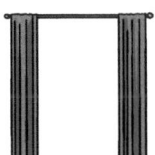

der Vorhang

perdea

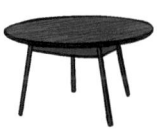

der Tisch

masă

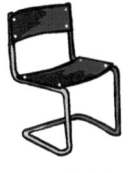

der Stuhl

scaun

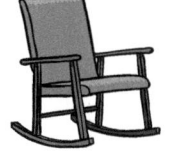

der Schaukelstuhl

balansoar

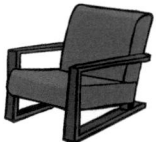

der Sessel

fotoliu

das Buch

carte

die Decke

pătură

die Dekoration

decoraţiune

das Feuerholz

lemn de foc

der Film

film

die Stereoanlage

instalaţie stereo

der Schlüssel

cheie

die Zeitung

ziar

das Gemälde

desen

das Poster

poster

das Radio

radio

der Notizblock

caiet de notiţe

der Staubsauger

aspirator

der Kaktus

cactus

die Kerze

lumânare

die Küche
bucătărie

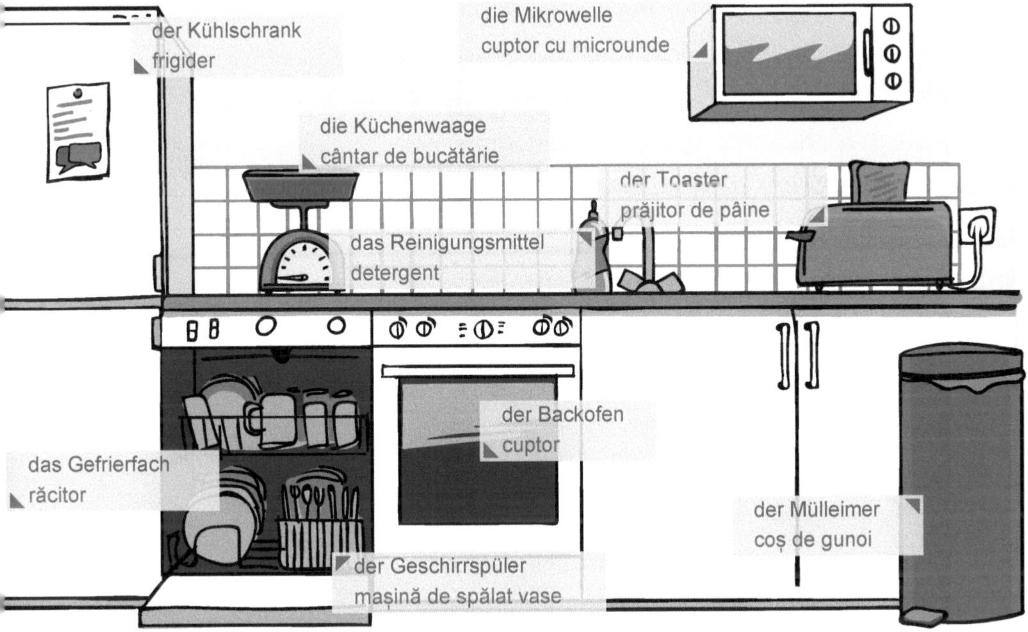

der Kühlschrank
frigider
die Mikrowelle
cuptor cu microunde
die Küchenwaage
cântar de bucătărie
der Toaster
prăjitor de pâine
das Reinigungsmittel
detergent
der Backofen
cuptor
das Gefrierfach
răcitor
der Mülleimer
coș de gunoi
der Geschirrspüler
mașină de spălat vase

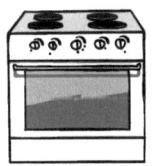

der Herd
cuptor

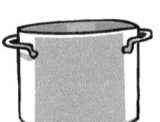

der Topf
oală

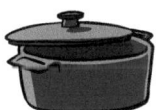

der Eisentopf
oală de metal

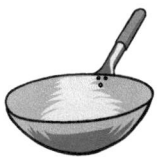

der Wok / Kadai
wok/kadai

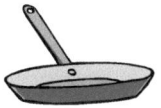

die Pfanne
tigaie

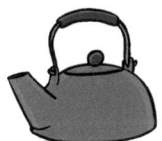

der Wasserkocher
ceainic

der Dampfgarer

oală de gătit cu aburi

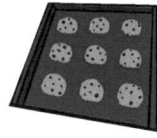

das Backblech

tavă de copt

das Geschirr

veselă

der Becher

pahar

die Schale

bol

die Essstäbchen

bețișoare

die Suppenkelle

polonic

der Pfannenwender

spatulă

der Schneebesen

tel

das Kochsieb

sită

das Sieb

sită

die Reibe

răzătoare

der Mörser

mojar

der Grill

grătar

die Feuerstelle

loc pentru grătar

das Schneidebrett

tocător

das Nudelholz

sucitor

der Korkenzieher

tirbușon

die Dose

conservă

der Dosenöffner

deschizător de conserve

der Topflappen

șervete termice

das Waschbecken

chiuvetă

die Bürste

perie

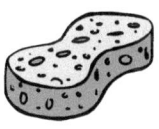

der Schwamm

burete

der Mixer

mixer

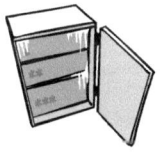

die Gefriertruhe

ladă frigorifică

die Babyflasche

biberon

der Wasserhahn

robinet

das Badezimmer

baie

die Heizung
încălzire
das Handtuch
prosop
die Dusche
duș
der Duschvorhang
perdea de duș
das Schaumbad
baie cu spumă
die Badewanne
cadă
das Glas
pahar
die Waschmaschine
mașină de spălat
der Wasserhahn
robinet
die Fliesen
gresie
das Töpfchen
oală de noapte
das Waschbecken
chiuvetă

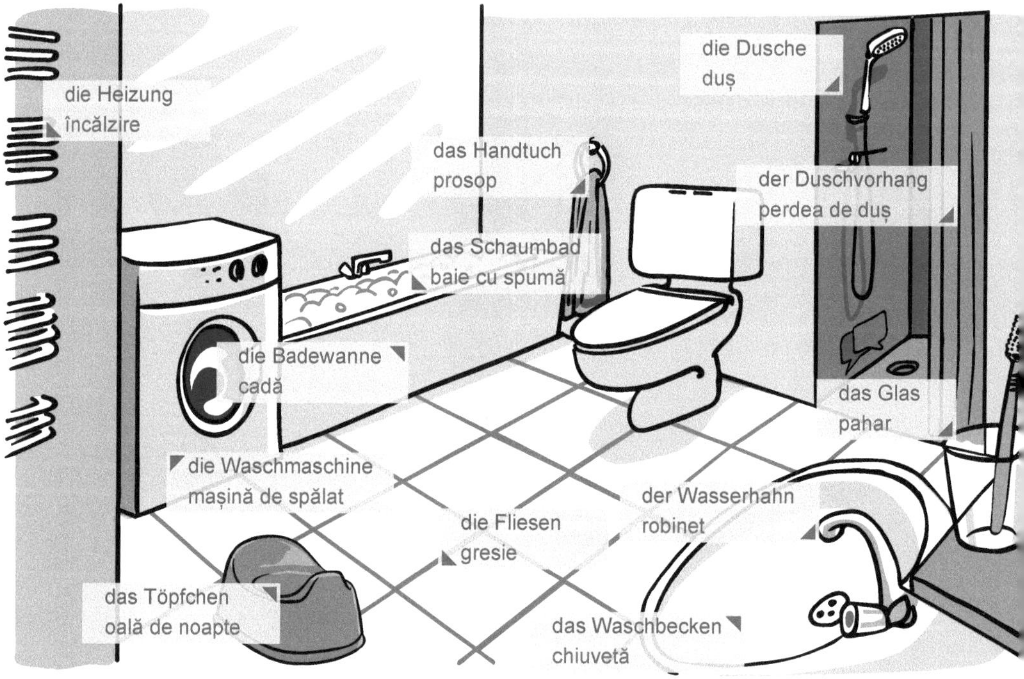

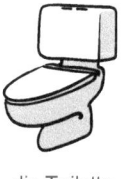

die Toilette

toaletă

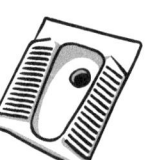

die Hocktoilette

toaletă turcească

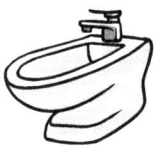

das Bidet

bideu

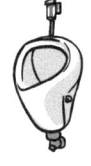

das Pissoir

pisoir

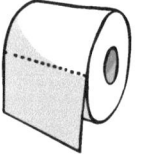

das Toilettenpapier

hârtie igienică

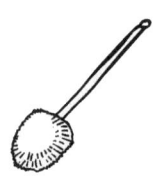

die Toilettenbürste

perie de toaletă

die Zahnbürste

periuță de dinți

die Zahnpasta

pastă de dinți

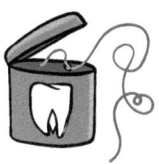

die Zahnseide

ață dentară

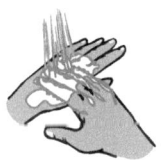

waschen

a spăla

die Handbrause

cap de duș

die Intimdusche

duș intim

die Waschschüssel

lavoar

die Rückenbürste

perie pentru spate

die Seife

săpun

das Duschgel

gel de duș

das Shampoo

șampon

der Waschlappen

cârpă de spălat

der Abfluss

scurgere

die Creme

cremă

das Deodorant

deodorant

der Spiegel

oglindă

der Kosmetikspiegel

oglindă cosmetică

der Rasierer

aparat de ras

der Rasierschaum

spumă de ras

das Rasierwasser

aftershave

der Kamm

pieptene

die Bürste

perie

der Föhn

uscător de păr

das Haarspray

fixator

das Makeup

machiaj

der Lippenstift

ruj

der Nagellack

lac de unghii

die Watte

vată

die Nagelschere

foarfece de unghii

das Parfum

parfum

der Kulturbeutel

neseser

der Hocker

taburet

die Waage

cântar

der Bademantel

halat de baie

die Gummihandschuhe

mănuși de cauciuc

das Tampon

tampon

die Damenbinde

tampon

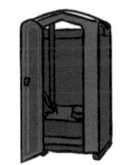

die Chemietoilette

toaletă chimică

das Kinderzimmer
camera copiilor

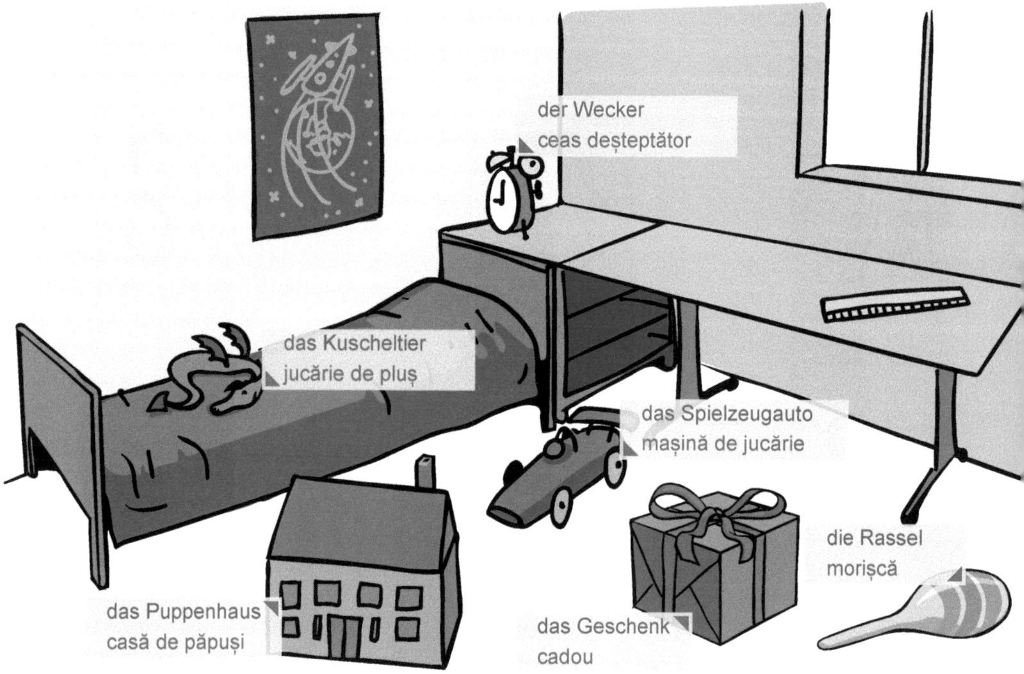

der Wecker
ceas deșteptător

das Kuscheltier
jucărie de pluș

das Spielzeugauto
mașină de jucărie

die Rassel
morișcă

das Puppenhaus
casă de păpuși

das Geschenk
cadou

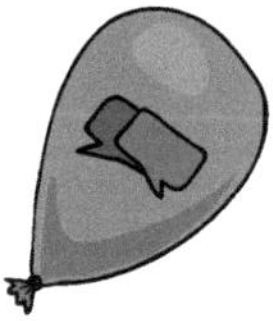

der Ballon
balon

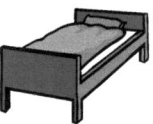

das Bett
pat

der Kinderwagen
cărucior de copii

das Kartenspiel
joc de cărți

das Puzzle
puzzle

der Comic
revistă de benzi desenate

die Legosteine

cuburi lego

die Bausteine

piese pentru construcţii

die Action Figur

personaj din filmele de acţiune

der Strampelanzug

body

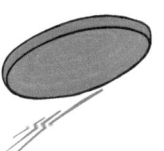

das Frisbee

frisbee

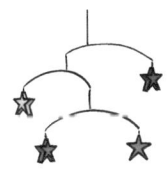

das Mobile

mobil

das Brettspiel

joc de societate

der Würfel

zar

die Modelleisenbahn

set trenuleţ de jucărie

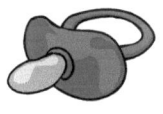

der Schnuller

suzetă

die Party

petrecere

das Bilderbuch

carte cu poze

der Ball

minge

die Puppe

păpuşă

spielen

a se juca

der Sandkasten

groapă de nisip

die Schaukel

leagăn

das Spielzeug

jucării

die Spielkonsole

consolă video

das Dreirad

tricicletă

der Teddy

ursuleț

der Kleiderschrank

dulap

die Kleidung
îmbrăcăminte

die Socken

șosete

die Strümpfe

ciorapi

die Strumpfhose

dres

der Schal
șal

der Regenschirm
umbrelă

das T-Shirt
tricou

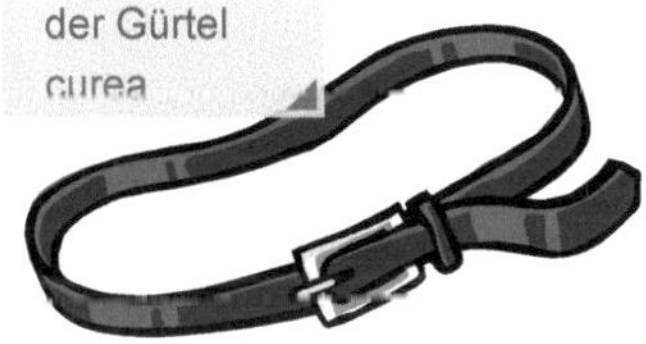

der Gürtel
curea

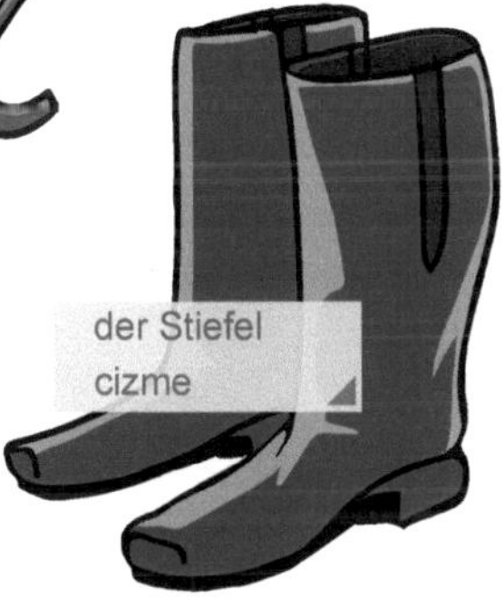

der Stiefel
cizme

die Hausschuhe
papuci

die Turnschuhe
pantofi sport

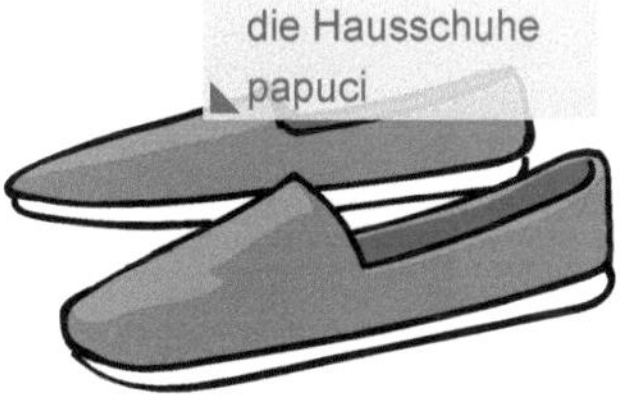

die Sandalen

sandale

die Schuhe

încălțăminte

die Gummistiefel

cizme de cauciuc

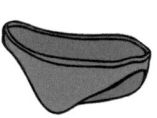

die Unterhose

chilot

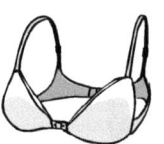

der Büstenhalter

sutien

das Unterhemd

maiou

der Body
body

die Hose
pantaloni

die Jeans
blugi

der Rock
fustă

die Bluse
bluză

das Hemd
cămașă

der Pullover
pulover

der Kapuzenpullover
jerseu

der Blazer
sacou

die Jacke
jachetă

der Mantel
palton

der Regenmantel
pelerină de ploaie

das Kostüm
costum

das Kleid
rochie

das Hochzeitskleid
rochie de mireasă

die Kleidung - îmbrăcăminte

der Anzug

costum

das Nachthemd

cămașă de noapte

der Schlafanzug

pijama

der Sari

sari

das Kopftuch

batic

der Turban

turban

die Burka

burka

der Kaftan

caftan

die Abaya

abaya

der Badeanzug

costum de baie

die Badehose

șort

die kurze Hose

pantaloni scurți

der Trainingsanzug

trening

die Schürze

șorț

die Handschuhe

mănuși

der Knopf

nasture

die Brille

ochelari

das Armband

brățară

die Halskette

lanț

der Ring

inel

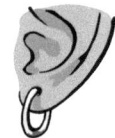

der Ohrring

cercel

die Mütze

căciulă

der Kleiderbügel

umeraș

der Hut

pălărie

die Krawatte

cravată

der Reißverschluss

fermoar

der Helm

cască

der Hosenträger

bretele

die Schuluniform

uniformă școlară

die Uniform

uniformă

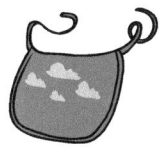

das Lätzchen

baveţică

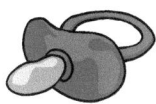

der Schnuller

suzetă

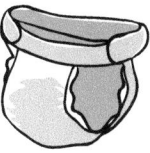

die Windel

scutec

das Büro

birou

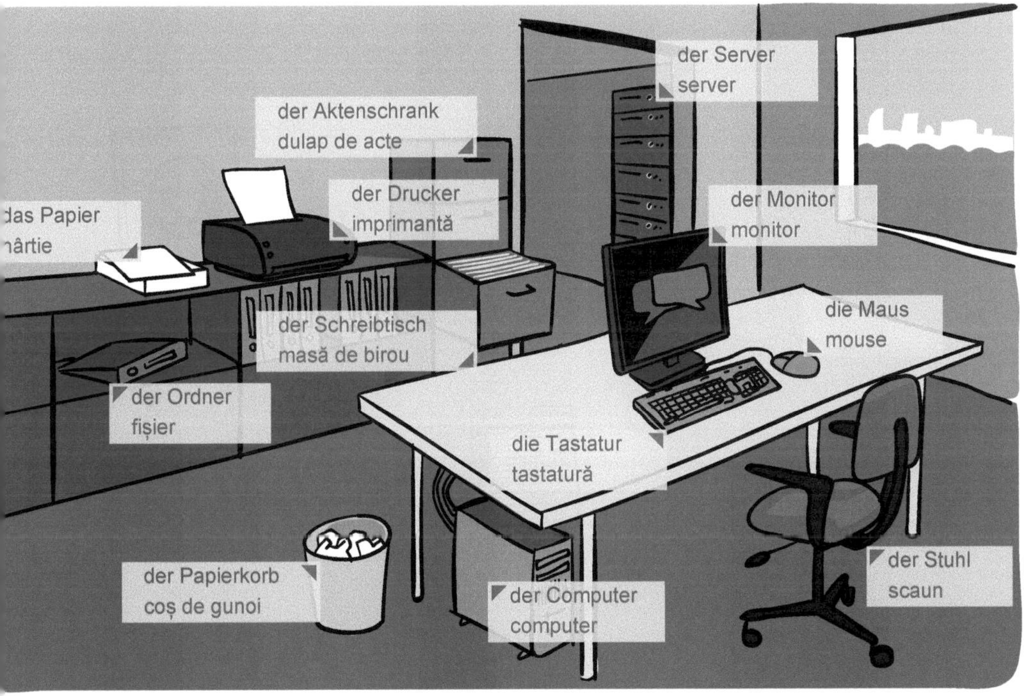

der Server
server
der Aktenschrank
dulap de acte
der Drucker
imprimantă
as Papier
ârtie
der Monitor
monitor
die Maus
mouse
der Schreibtisch
masă de birou
der Ordner
fişier
die Tastatur
tastatură
der Papierkorb
coş de gunoi
der Computer
computer
der Stuhl
scaun

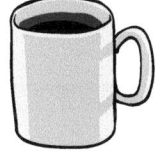

der Kaffeebecher

ceaşcă de cafea

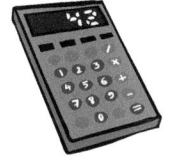

der Taschenrechner

calculator

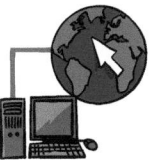

das Internet

internet

der Laptop

laptop

der Brief

scrisoare

die Nachricht

mesaj

das Handy

telefon mobil

das Netzwerk

rețea

der Kopierer

copiator

die Software

software

das Telefon

telefon

die Steckdose

priză

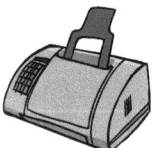

das Fax

fax

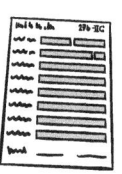

das Formular

formular

das Dokument

document

das Büro - birou

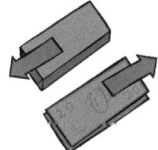

kaufen

a cumpăra

bezahlen

a plăti

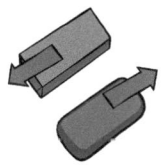

handeln

a face comerţ

das Geld

bani

der Dollar

Dolar

der Euro

Euro

der Yen

Yen

der Rubel

Rublă

der Franken

Franc Elveţian

der Renminbi Yuan

renminbi yuan

die Rupie

Rupie

der Geldautomat

bancomat

die Wechselstube

casă de schimb valutar

das Gold

aur

das Silber

argint

das Öl

petrol

die Energie

energie

der Preis

preț

der Vertrag

contract

die Steuer

impozit

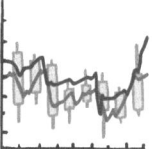

die Aktie

acțiune

arbeiten

a munci

der Angestellte

angajat

der Arbeitgeber

angajator

die Fabrik

fabrică

das Geschäft

magazin

der Polizist
polițist

der Feuerwehrmann
pompier

der Koch
bucătar

der Arzt
medic

der Pilot
pilot

der Gärtner

grădinar

der Tischler

tâmplar

die Näherin

cusătoreasă

der Richter

judecător

der Chemiker

chimist

der Schauspieler

actor

der Busfahrer

șofer de autobuz

der Taxifahrer

șofer de taxi

der Fischer

pescar

die Putzfrau

femeie de serviciu

der Dachdecker

tinichigiu

der Kellner

chelnăr

der Jäger

vânător

der Maler

pictor

der Bäcker

brutar

der Elektriker

electrician

der Bauarbeiter

muncitor în construcții

der Ingenieur

inginer

der Schlachter

măcelar

der Klempner

instalator

der Postbote

poștaș

der Soldat	der Architekt	der Kassierer
soldat	arhitect	casier

der Florist	der Friseur	der Schaffner
florar	frizer	controlor

der Mechaniker	der Kapitän	der Zahnarzt
mecanic	căpitan	stomatolog

der Wissenschaftler	der Rabbi	der Imam
om de știință	rabin	imam

der Mönch	der Geistliche	
călugăr	preot	

die Werkzeuge
instrumente

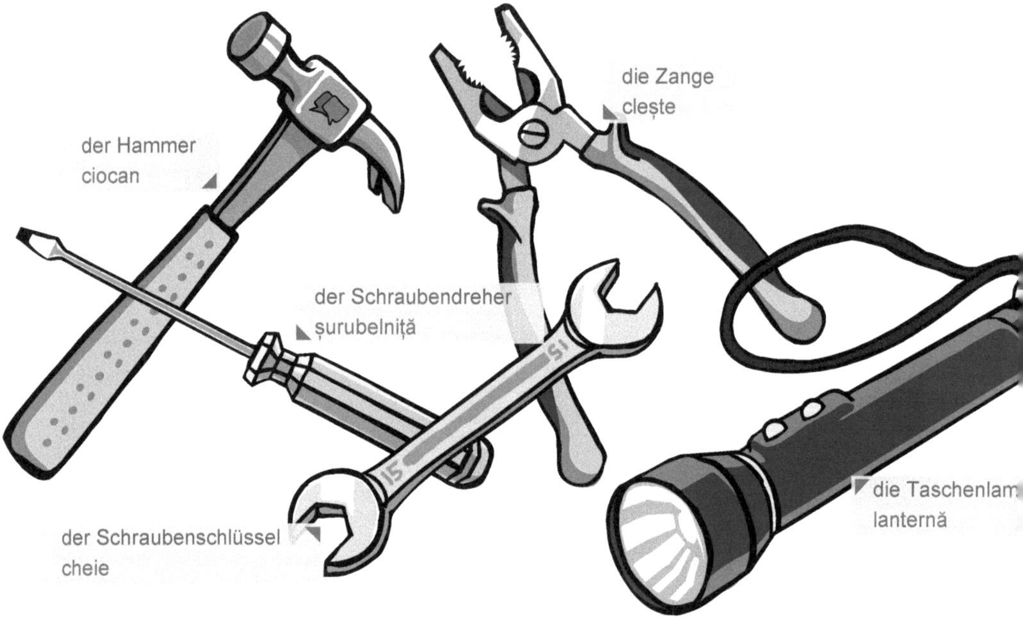
die Zange
cleşte
der Hammer
ciocan
der Schraubendreher
şurubelniţă
die Taschenlam
lanternă
der Schraubenschlüssel
cheie

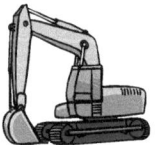

der Bagger

excavator

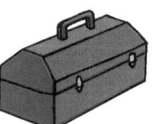

der Werkzeugkasten

cutie de scule

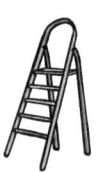

die Leiter

scară

die Säge

ferăstrău

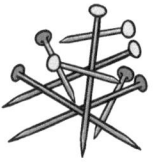

die Nägel

cuie

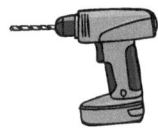

der Bohrer

burghiu

reparieren
a repara

die Schaufel
lopată

Mist!
La naiba!

das Kehrblech
făraș

der Farbtopf
vas pentru vopsea

die Schrauben
șuruburi

die Musikinstrumente
instrumente muzicale

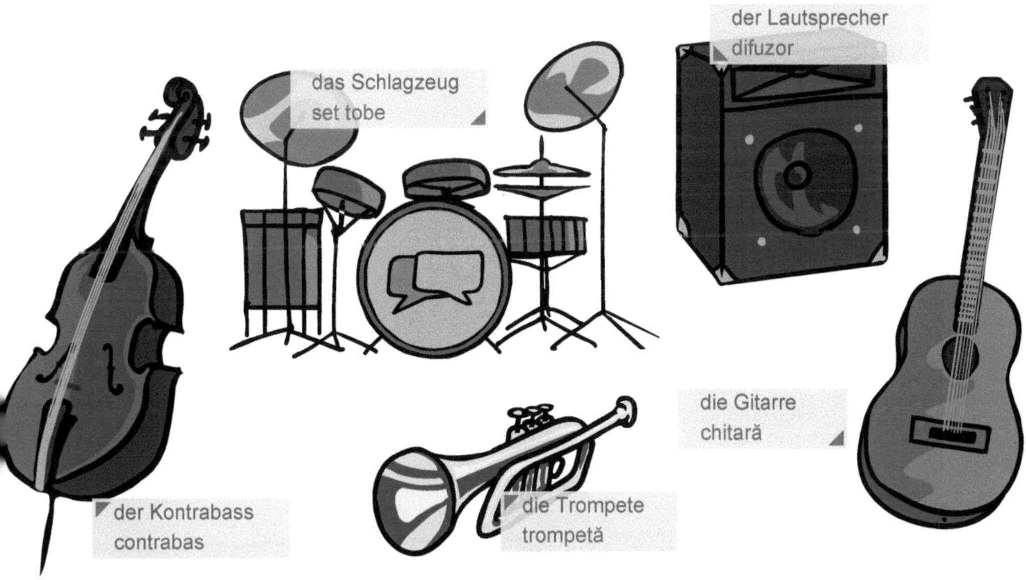

der Lautsprecher
difuzor

das Schlagzeug
set tobe

die Gitarre
chitară

der Kontrabass
contrabas

die Trompete
trompetă

das Klavier

pian

die Violine

vioară

der Bass

bas

die Pauke

trombon

die Trommeln

tobă

das Keyboard

keyboard

das Saxophon

saxofon

die Flöte

fluier

das Mikrofon

microfon

der Zoo
grădină zoologică

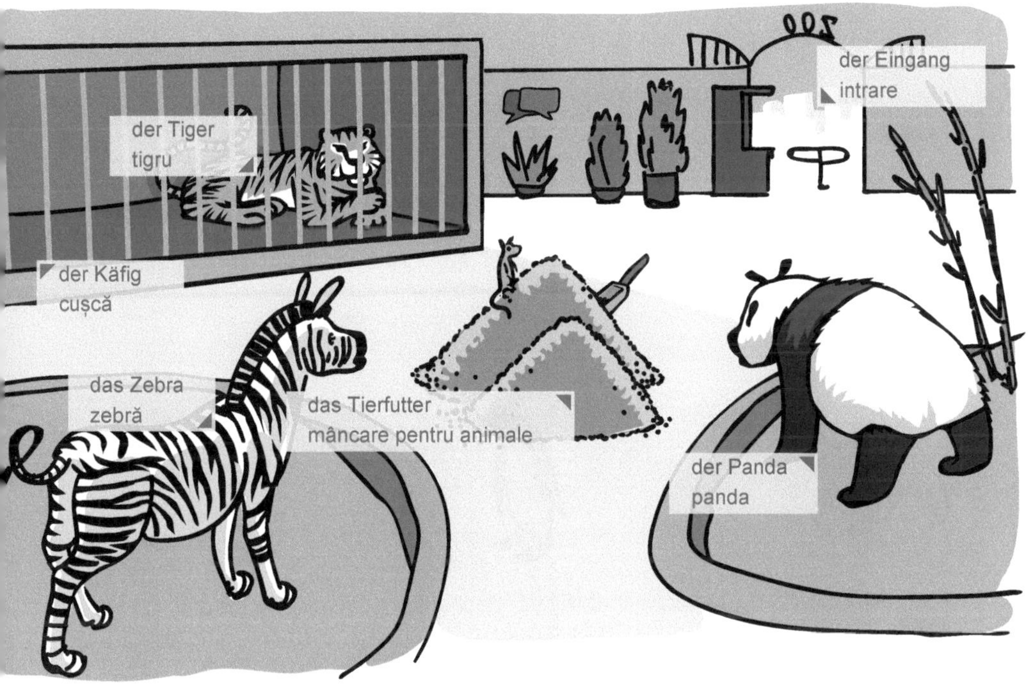

der Eingang
intrare
der Tiger
tigru
der Käfig
cușcă
das Zebra
zebră
das Tierfutter
mâncare pentru animale
der Panda
panda

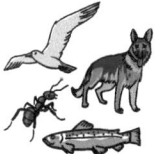

die Tiere

animale

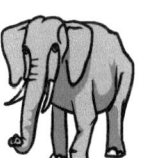

der Elefant

elefant

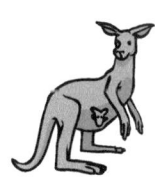

das Känguruh

cangur

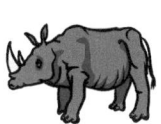

das Nashorn

rinocer

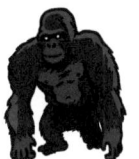

der Gorilla

gorilă

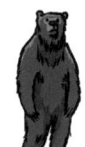

der Bär

urs

das Kamel

cămilă

der Strauß

struț

der Löwe

leu

der Affe

maimuță

der Flamingo

flamingo

der Papagei

papagal

der Eisbär

urs polar

der Pinguin

pinguin

der Hai

rechin

der Pfau

păun

die Schlange

șarpe

das Krokodil

crocodil

der Zoowärter

îngrijitor grădina zoologică

die Robbe

focă

der Jaguar

jaguar

das Pony

ponei

der Leopard

leopard

das Nilpferd

hipopotam

die Giraffe

girafă

der Adler

acvilă

das Wildschwein

porc mistreț

der Fisch

pește

die Schildkröte

broască țestoasă

das Walross

morsă

der Fuchs

vulpe

die Gazelle

gazelă

das American Football
fotbal american

das Radfahren
ciclism

das Tennis
tenis

der Basketball
basketball

das Schwimmen
înot

das Eishockey
hockey pe gheață

das Boxen
box

der Fußball
fotbal

das Badminton
badminton

die Leichtathletik
atletism

der Handball
handbal

das Skilaufen
schi

das Polo
polo

die Aktivitäten
activități

springen
a sări
umarmen
a îmbrățișa
lachen
a râde
gehen
a merge
singen
a cânta
träumen
a visa
beten
a se ruga
küssen
a săruta

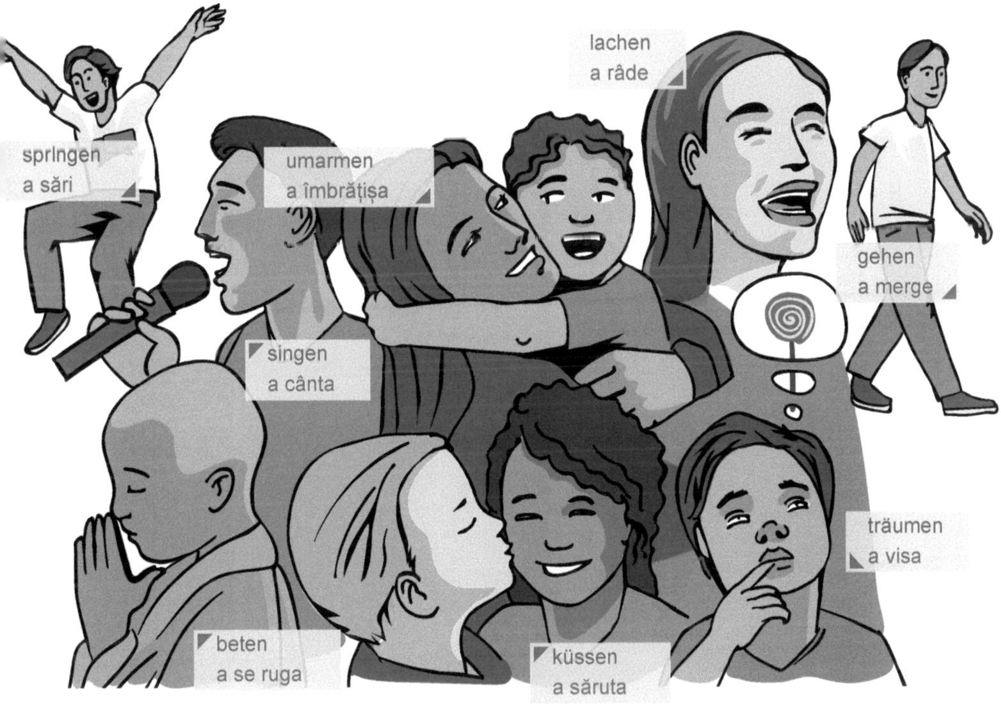

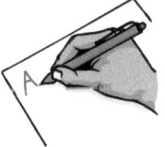

schreiben

a scrie

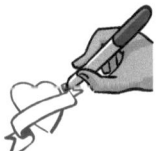

zeichnen

a desena

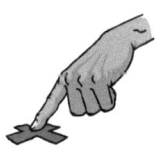

zeigen

a arăta

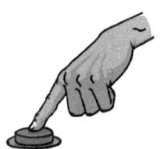

drücken

a împinge

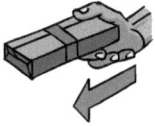

geben

a da

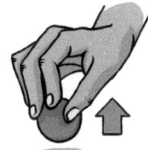

nehmen

a lua

haben
a avea

tun
a face

sein
a fi

stehen
a sta în picioare

laufen
a fugi

ziehen
a trage

werfen
a arunca

fallen
a cădea

liegen
a sta întins

warten
a aștepta

tragen
a purta

sitzen
a ședea

anziehen
a se îmbrăca

schlafen
a dormi

aufwachen
a se trezi

ansehen

a privi

weinen

a plânge

streicheln

a mângâia

kämmen

a se pieptăna

reden

a vorbi

verstehen

a înțelege

fragen

a întreba

hören

a asculta

trinken

a bea

essen

a mânca

aufräumen

a face ordine

lieben

a iubi

kochen

a găti

fahren

a conduce

fliegen

a zbura

segeln
a naviga

rechnen
a calcula

lesen
a citi

lernen
a învăţa

arbeiten
a munci

heiraten
a se căsători

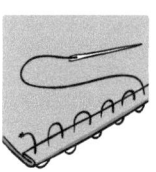

nähen
a coase

Zähne putzen
a se spăla pe dinţi

töten
a ucide

rauchen
a fuma

senden
a trimite

Großmutter
nică

der Großvater
bunic

der Vater
tată

die Mutter
mamă

das Baby
bebeluș

die Tochter
soră

der Sohn
fiu

der Gast

oaspete

die Tante

mătușă

der Onkel

unchi

der Bruder

frate

die Schwester

soră

der Körper

corp

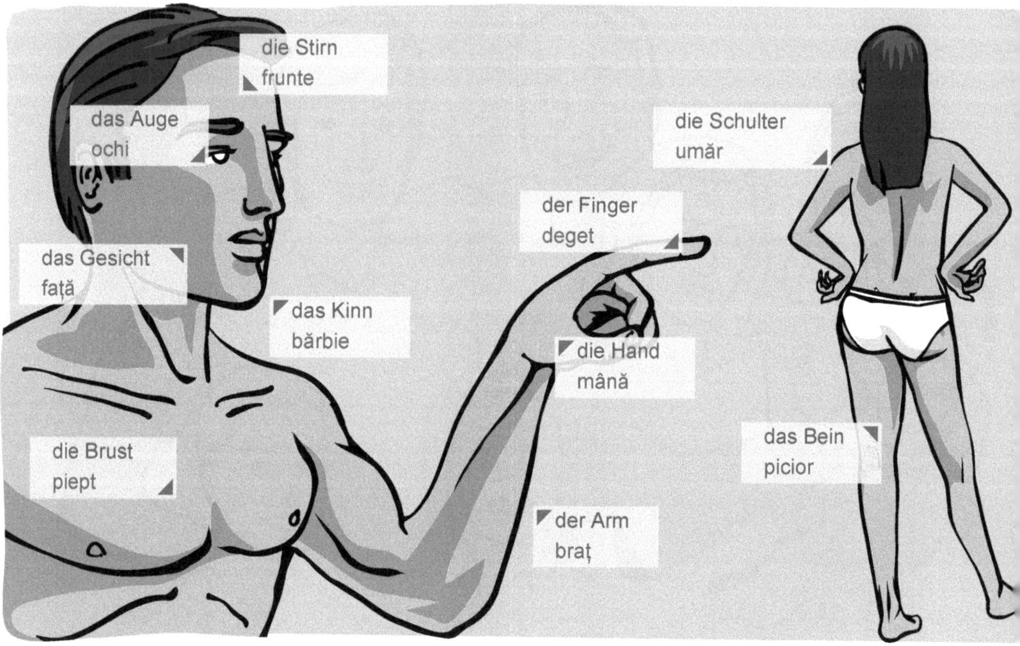

die Stirn
frunte
das Auge
ochi
die Schulter
umăr
der Finger
deget
das Gesicht
față
das Kinn
bărbie
die Hand
mână
das Bein
picior
die Brust
piept
der Arm
braț

das Baby

bebeluș

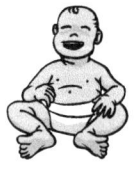

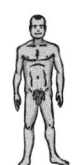

der Mann

bărbat

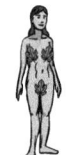

die Frau

femeie

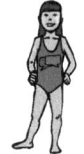

das Mädchen

fată

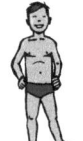

der Junge

băiat

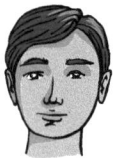

der Kopf

cap

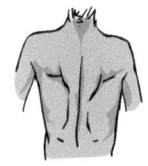

der Rücken
spate

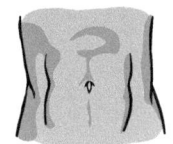

der Bauch
abdomen

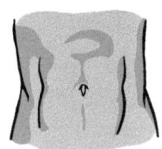

der Nabel
ombilic

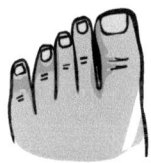

der Zeh
deget de la picior

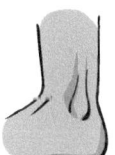

die Ferse
călcâi

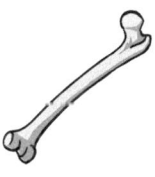

der Knochen
os

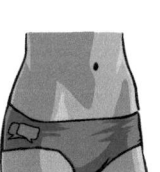

die Hüfte
șold

das Knie
genunchi

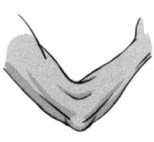

der Ellenbogen
cot

die Nase
nas

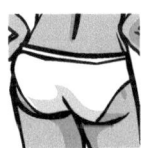

das Gesäß
fund

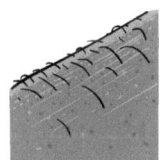

die Haut
piele

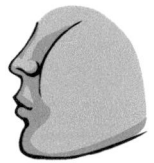

die Wange
obraz

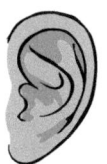

das Ohr
ureche

die Lippe
buză

der Mund

gură

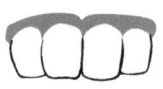

der Zahn

dinte

die Zunge

limbă

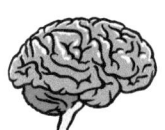

das Gehirn

creier

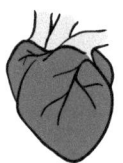

das Herz

inimă

der Muskel

mușchi

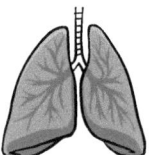

die Lunge

plămân

die Leber

ficat

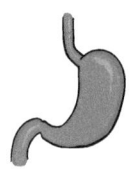

der Magen

stomac

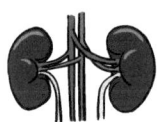

die Nieren

rinichi

der Geschlechtsverkehr

sex

das Kondom

prezervativ

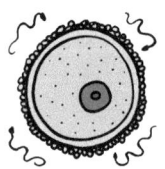

die Eizelle

ovul

das Sperma

spermă

die Schwangerschaft

sarcină

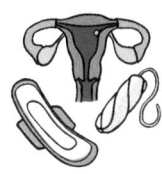

die Menstruation

menstruație

die Vagina

vagin

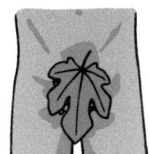

der Penis

penis

die Augenbraue

sprânceană

das Haar

păr

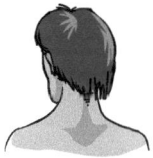

der Hals

gât

das Krankenhaus
spital

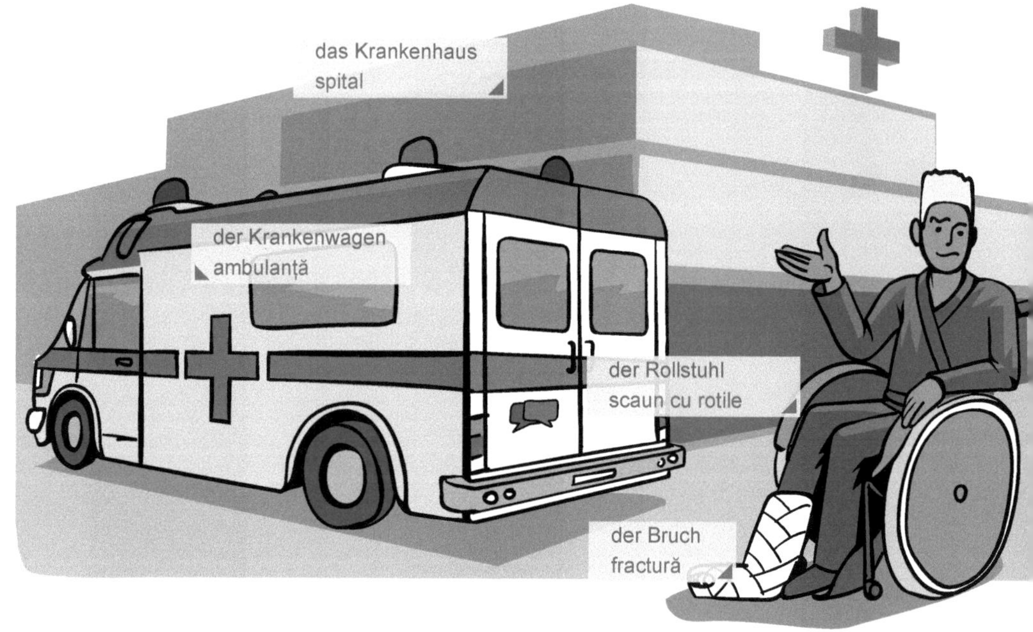

das Krankenhaus
spital
der Krankenwagen
ambulanță
der Rollstuhl
scaun cu rotile
der Bruch
fractură

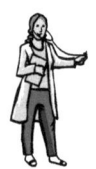

der Arzt

medic

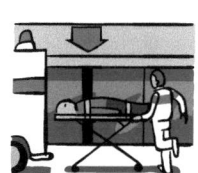

die Notaufnahme

unitate de primiri urgențe

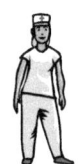

die Krankenschwester

soră medicală

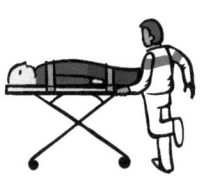

der Notfall

urgență

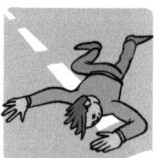

ohnmächtig

inconștient

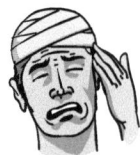

der Schmerz

durere

die Verletzung

leziune

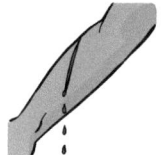

die Blutung

sângerare

der Herzinfarkt

infarct miocardic

der Schlaganfall

atac cerebral

die Allergie

alergie

der Husten

tuse

das Fieber

febră

die Grippe

gripă

der Durchfall

diaree

die Kopfschmerzen

durere de cap

der Krebs

cancer

die Diabetis

diabet

der Chirurg

chirurg

das Skalpell

scalpel

die Operation

operație

das Krankenhaus - spital

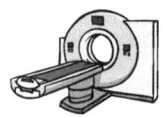

das CT

CT

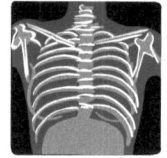

das Röntgen

raze Röntgen

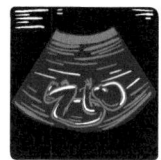

das Ultraschall

ultrasunet

die Maske

mască

die Krankheit

boală

das Wartezimmer

sală de așteptare

die Krücke

cârjă

das Pflaster

plasture

der Verband

bandaj

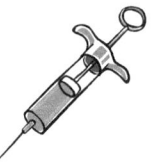

die Injektion

injecție

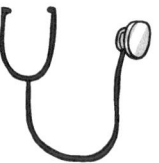

das Stethoskop

stetoscop

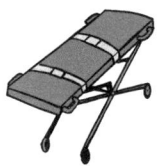

die Trage

targă

das Thermometer

termometru

die Geburt

naștere

das Übergewicht

supraponderabilitate

das Krankenhaus - spital

das Hörgerät

aparat auditiv

das Desinfektionsmittel

dezinfectant

die Infektion

infecție

das Virus

virus

das HIV / AIDS

HIV/SIDA

die Medizin

medicină

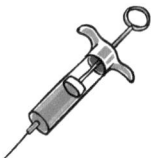

die Impfung

vaccin

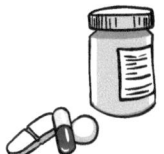

die Tabletten

tablete

die Pille

pastilă

der Notruf

apel de urgență

das Blutdruck-Messgerät

aparat de măsurare a
presiunii arteriale

krank / gesund

bolnav/sănătos

Hilfe!

Ajutor!

der Alarm

alarmă

der Überfall

agresiune

der Angriff

atac

die Gefahr

pericol

der Notausgang

ieşire de urgenţă

Feuer!

Foc!

der Feuerlöscher

extinctor

der Unfall

accident

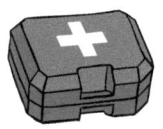

der Erste-Hilfe-Koffer

trusă de prim-ajutor

SOS

SOS

die Polizei

poliţie

das Europa

Europa

das Nordamerika

America de Nord

das Südamerika

America de Sud

das Afrika

Africa

das Asien

Asia

das Australien

Australia

der Atlantik

Altantic

der Pazifik

Pacific

der Indische Ozean

Oceanul Indian

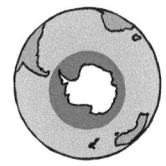

der Antarktische Ozean

Oceanul Antarctic

der Arktische Ozean

Oceanul Arctic

der Nordpol

Polul Nord

der Südpol

Polul Sud

die Antarktis

Antarctica

die Erde

pământ

das Land

țară

das Meer

mare

die Insel

insulă

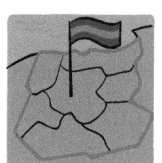

die Nation

națiune

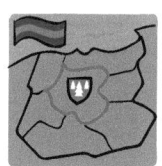

der Staat

stat

das Zifferblatt

cadran

der Stundenzeiger

orar

der Minutenzeiger

minutar

der Sekundenzeiger

secundar

Wie spät ist es?

Cât e ceasul?

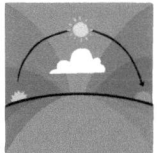

der Tag

zi

die Zeit

timp

jetzt

acum

die Digitaluhr

cead digital

die Minute

minut

die Stunde

oră

die Woche
săptămână

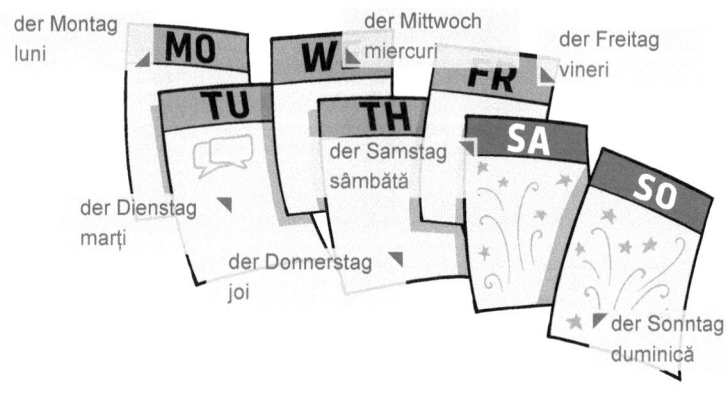

der Montag
luni

der Mittwoch
miercuri

der Freitag
vineri

der Dienstag
marți

der Samstag
sâmbătă

der Donnerstag
joi

der Sonntag
duminică

gestern

ieri

heute

azi

morgen

mâine

der Morgen

dimineață

der Mittag

amiază

der Abend

seară

MO	TU	WE	TH	FR	SA	SU
1	2	3	4	5	6	7
8	9	10	11	12	13	14
15	16	17	18	19	20	21
22	23	24	25	26	27	28
29	30	31	1	2	3	4

die Arbeitstage

zile lucrătoare

MO	TU	WE	TH	FR	SA	SU
1	2	3	4	5	6	7
8	9	10	11	12	13	14
15	16	17	18	19	20	21
22	23	24	25	26	27	28
29	30	31	1	2	3	4

das Wochenende

week-end

das Jahr
an

der Regen
ploaie
der Regenbogen
curcubeu
der Winc
vânt
der Schnee
zăpadă
der Frühling
primăvară
der Herbst
toamnă
der Sommer
vară
der Winter
iarnă

4.APRIL 11°
5.APRIL 4°
6.APRIL 13°
7.APRIL 8°
8.APRIL 10°

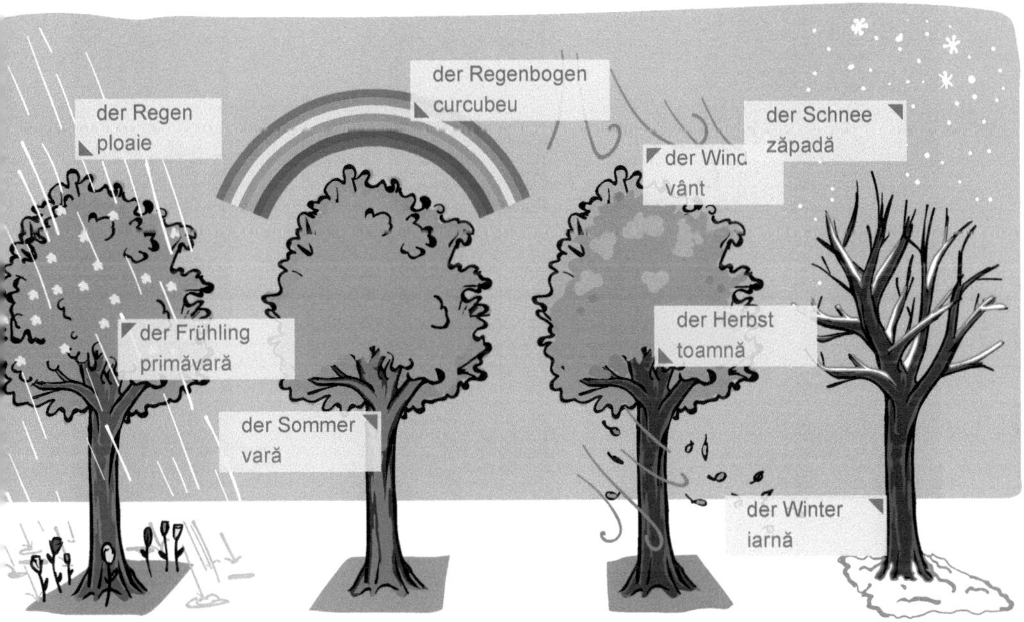

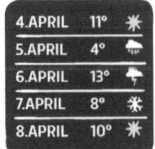

die Wettervorhersage
prognoză meteo

F C
120 40
90 30
60 20
30 10
0 0
-30 -10
-20

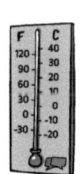

das Thermometer
termometru

der Sonnenschein
lumina soarelui

die Wolke
nor

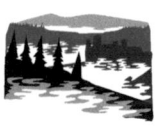

der Nebel
ceață

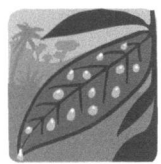

die Luftfeuchtigkeit
umiditate a aerului

der Blitz

fulger

der Donner

tunet

der Sturm

furtună

der Hagel

grindină

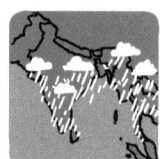

der Monsun

muson

die Flut

inundație

das Eis

gheață

der Januar

ianuarie

der Februar

februarie

der März

martie

der April

aprilie

der Mai

mai

der Juni

iunie

der Juli

iulie

der August

august

das Jahr - an

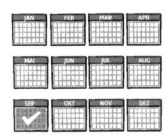

der September
....
septembrie

der Oktober
....
octombrie

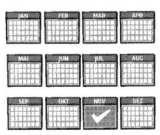

der November
....
noiembrie

der Dezember
....
decembrie

die Formen
forme

der Kreis
....
cerc

das Quadrat
....
pătrat

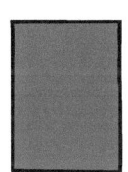

das Rechteck
....
dreptunghi

das Dreieck
....
triunghi

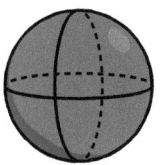

die Kugel
....
sferă

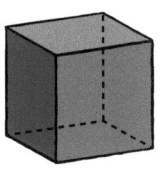

der Würfel
....
cub

culori

weiß
....
alb

gelb
....
galben

orange
....
portocaliu

pink
....
roz

rot
....
roșu

lila
....
violet

blau
....
albastru

grün
....
verde

braun
....
maro

grau
....
gri

schwarz
....
negru

viel / wenig

mult/puțin

wütend / friedlich

furios/calm

hübsch / hässlich

frumos/urât

der Anfang / das Ende

început/sfârșit

groß / klein

mare/mic

hell / dunkel

luminos/întunecat

der Bruder / die Schwester

frate/soră

sauber / schmutzig

curat/murdar

vollständig / unvollständig

complet/incomplet

der Tag / die Nacht

zi/noapte

tot / lebendig

mort/viu

breit / schmal

lat/strâmt

genießbar / ungenießbar

comestibil/necomestibil

böse / freundlich

răul/prietenos

aufgeregt / gelangweilt

emoționat/plictisit

dick / dünn

gras/slab

zuerst / zuletzt

primul/ultimul

der Freund / der Feind

prieten/inamic

voll / leer

plin/gol

hart / weich

tare/moale

schwer / leicht

greu/ușor

der Hunger / der Durst

foame/sete

krank / gesund

bolnav/sănătos

illegal / legal

ilegal/legal

intelligent / dumm

inteligent/stupid

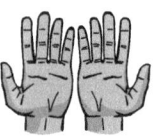

links / rechts

stânga/drepta

nah / fern

aproape/departe

neu / gebraucht

nou/uzat

nichts / etwas

nimic/ceva

alt / jung

bătrân/tânăr

an / aus

pornit/oprit

offen / geschlossen

deschis/închis

leise / laut

încet/tare

reich / arm

bogat/sărac

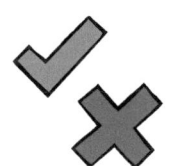

richtig / falsch

corect/fals

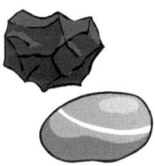

rau / glatt

aspru/neted

traurig / glücklich

trist/fericit

kurz / lang

lung/scurt

langsam / schnell

încet/repede

nass / trocken

ud/uscat

warm / kühl

cald/rece

der Krieg / der Frieden

război/pace

0

null

zero

1

eins

unu

2

zwei

doi

3

drei

trei

4

vier

patru

5

fünf

cinci

6

sechs

șase

7

sieben

șapte

8

acht

opt

9

neun

nouă

10

zehn

zece

11

elf

unsprezece

12	**13**	**14**
zwölf	dreizehn	vierzehn
douăsprezece	treisprezece	paisprezece

15	**16**	**17**
fünfzehn	sechzehn	siebzehn
cincisprezece	șaisprezece	șaptesprezece

18	**19**	**20**
achtzehn	neunzehn	zwanzig
optsprezece	nouăsprezece	douăzeci

100	**1.000**	**1.000.000**
hundert	tausend	million
o sută	o mie	un milion

Englisch

engleză

Amerikanisches Englisch

engleză americană

Chinesisch Mandarin

chineza mandarină

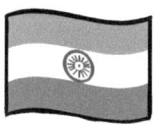

Hindi

hindi

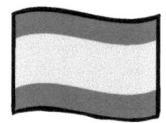

Spanisch

spaniolă

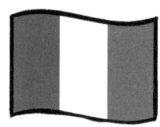

Französisch

franceză

Arabisch

arabă

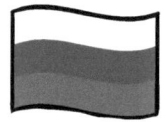

Russisch

rusă

Portugiesisch

protugheză

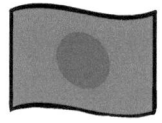

Bengalisch

bengaleză

Deutsch

germană

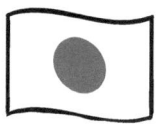

Japanisch

japoneză

ich
eu

du
tu

er / sie / es
el/ea

wir
noi

ihr
voi

sie
ea

wer?
cine?

was?
ce?

wie?
cum?

wo?
unde?

wann?
când?

Name
nume

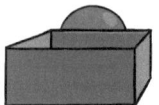

hinter

în spate

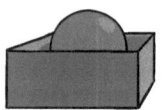

in

în

vor

înainte

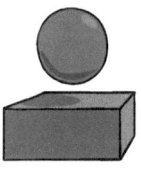

über

peste

auf

pe

unter

sub

neben

lângă

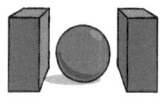

zwischen

între

der Ort

loc